Yvonne Kalb – Zweifel(los) Manifestieren

ZWEIFEL(LOS) MANIFESTIEREN

GESETZ DER ANNAHME

Der Glaube, der Berge
versetzt, ist
der Glaube an sich selbst

Sollte diese Publikation Links auf Webseiten Dritter enthalten, so übernehme ich für deren Inhalt keine Haftung, da ich mir diese nicht zu eigen mache, sondern lediglich auf deren Stand zum Zeitpunkt der Erstveröffentlichung verweise.

Dieses Buch ist auch als E-Book erhältlich.

Herstellung und Verlag: Independently published

Covergestaltung: Yvonne Kalb

Coverdesign und – bild: Canva

ISBN: 9798642642030

www.team-huetterer.com

Yvonne Kalb

Zweifel(los) Manifestieren

Gesetz der Annahme

Der Glaube, der Berge versetzt, ist der Glaube an sich selbst!

Inhalt

Prolog

Prolog

Hoffnung – Zweifel – Glaube. Das ist die Reihenfolge, die wir oftmals erleben. Bei allem, was wir in unserem Leben tun, besonders wenn wir etwas Neues ausprobieren. Wie in meinem Fall, als ich mich am Imaginieren und Manifestieren mit dem Gesetz der Annahme (GdA)[1] nach Neville Goddard[2] versuchte. Selbstverständlich verspürte ich schon mein ganzes Leben lang Zweifel. Ich habe diesbezüglich immer wieder

---

[1] GdA: Was wir über uns und die Welt glauben, entscheidet darüber, welche Erfahrungen wir im Leben machen und welche Möglichkeiten uns offenstehen.

[2] Neville Lancelot Goddard wurde 1905 in St. Michael, Barbados, geboren. Mit 17 Jahren kam er nach New York, wo er zunächst Tanz und Schauspiel studierte. Bei seinem Mentor, Abdullah, lernte er fünf Jahre lang Hebräisch, studierte die Kabbala und esoterisches Christentum. Anfang der Fünfzigerjahre ließ er sich in Los Angeles nieder. Neville lehrte jahrelang Techniken, wie der Mensch durch Einsatz seiner Vorstellungskraft seine Wirklichkeit erschaffen kann. Er starb 1972.

ähnliche Erfahrung gemacht. Ich hatte zum Beispiel jahrelang die Hoffnung, eine Methode zu finden, die ich verstehen würde und die mir helfen würde, mir meine Sorgen, Ängste, Probleme zu nehmen oder auch die Hoffnung einen Menschen zu finden, der mir vielleicht helfen könnte. Falls du mein Buch „Hoppla, ich bin die einzige Ursache…“[3] gelesen hast, weißt du, wie es mir erging.

Doch selbst bei dieser Hoffnung habe ich tief in mir eigentlich gezweifelt, ich glaubte eigentlich gar nicht daran, dass meine Hoffnung erfüllt werden könnte. So bekam ich immer wieder die Quittung präsentiert - sei es, dass etwas nicht funktionierte oder mich ein Mensch, auf den ich mich verlassen hatte, enttäuschte. Enttäuscht

[3] Kalb, Yvonne: Hoppla, ich bin die einzige Ursache… für die Phänomene meines Lebens. Wie das Gesetz der Annahme mein Leben veränderte. Independently published, ISBN: 979-8620550623.

wurde ich immer dann, wenn ich die besagte Person als „Gott“, als „Erlöser“ für meine Probleme sah. Denn das war niemals der Fall! Zweifeln war das ein großes Thema in meinem Leben. Bewusst geworden ist mir dies, als ich begonnen habe, mich mit dem Gesetz der Annahme auseinanderzusetzen, denn dort sind Zweifel ein großes Thema. Ein Zweifel, möge er noch so klein sein, kann das Gesetz der Annahme blockieren, es kommt dann nicht zum erwünschen Erfolg bei der Anwendung der Methoden.

Der Glaube an sich selbst entsteht aus Erfahrung und kann sich nur entwickeln, wenn man nicht aufgibt, den Zweifel auf die Seite schiebt und der Sache beständig eine Chance gibt. Aber das ist einfacher gesagt als getan. Das weiß ich aus Erfahrung. Ich hoffte, dass alles gut gehen würde, ich hoffte, dass ich alles richtig machte.

Hoffen, hoffen, hoffen. Allerdings hinderte mich dies auf der ganzen Linie.

„Die Hoffnung stirbt zuletzt“ ist eine der bekanntesten Annahmen, die sicher jeder kennt. Oder „es gibt noch einen Funken Hoffnung“. Nur was sagt das Wort Hoffnung denn wirklich aus? Es sagt aus, dass man an dem zweifelt, was man tut. „Hoffen ist Zweifeln mit Zuckerguss“, sagt der bekannteste englischsprachige GdA-Coach, Mr. Twenty Twenty[4] immer wieder.

Als ich begann, mich mit dem Gesetz der Annahme auseinander zu setzen und täglich die bewusste Autosuggestion[5] anzuwenden, spürte ich meine Zweifel ganz deutlich. Ich wollte dieses Gesetz meistern, denn ich war überzeugt, dass es die Lösung all meiner Probleme und Sorgen war, aber wie sollte das funktionieren, wenn ich nicht

---

[4] https://freeneville.com/, Stand: 30.04.2020.

[5] [5] Autosuggestion ist der Prozess, durch den eine Person ihr Unbewusstes trainiert, an etwas zu glauben.

daran glauben konnte und meine Zweifel vorherrschten? Nun, in diesem Buch werde ich dir erzählen, wie es mir damit erging.

Meine Team-Kollegin[6] Katrine Hütterer und ich haben uns gemeinsam und sehr intensiv mit dem Gesetz der Annahme auseinandergesetzt. Wir haben dabei die unterschiedlichsten Phasen durchlaufen. Ängste, Zweifel, Sorgen, die uns überkamen, haben wir gemeistert. Es war sicher nicht immer leicht, aber als wir raus hatten, wie es funktioniert und wir weiterhin nicht aufgaben, zeigte sich uns ein wunderbarer, unvorhersehbarer Weg, der uns noch immer überrascht.

Unsere Arbeit haben wir mittlerweile auch komplett auf das GdA abgestimmt, es erfüllt einfach alle Bereiche unserer Leben. Wir geben Online und Live-Seminare, wir schreiben Bücher, in unserer geführten Meditation lösen wir online

---

[6] https://www.team-huetterer.com/, Stand: 30.04.2020.

Zweifel, Sorgen und Ängste auf, wir haben Onlinekurse entwickelt, damit alle Anwenderinnen und Anwender das Gesetz der Annahme mit Leichtigkeit verstehen und endlich in ihre Schöpferkraft kommen können. Wir möchten so viele Menschen wie möglich erreichen, denn ein glückliches Leben zu führen ist kein Privileg, es ist ein Geburtsrecht.

Mit diesem Buch möchte ich dir, liebe Leserin, lieber Leser zeigen, wie ich meine Zweifel beim Anwenden des Gesetzes der Annahme besiegen konnte und jetzt endlich meine Vorstellungskraft für mein ideales Leben nutzen kann. Ich wünsche mir, dass dich meine Erfahrungen dabei unterstutzen können, dir ebenfalls erfolgreich das Leben deiner Träume zu imaginieren und zu manifestieren.

Glaube an dich selbst

Glaube an dich selbst

Neville lehrte das Gesetz der Annahme in Büchern und Vorträgen von den 1930ern bis zu seinem Tod 1972. Er sagte: *„Vorstellungskraft ist die einzige Realität."* Es gibt wirklich niemanden auf der Welt, der keine Vorstellungskraft besitzt. Ich habe früher immer zu mir gesagt: „Ha, ich wusste es doch." Und warum wusste ich es? Weil ich mir eine Situation bereits vorgestellt hatte, die schließlich wie erwartet eingetroffen ist. Früher nannte ich es Intuition, heute nenne ich es Vorstellungskraft.

Das Gesetz der Annahme ist eine Lebensphilosophie, eine großartige Lebensweise, denn wenn man mal raushat, wie es funktioniert, und - was natürlich die Herausforderung ist - den Zweifel im Keim erstickt, wird man nie wieder etwas anders tun wollen, als dieses Gesetz für sich und andere Menschen liebevoll anzuwenden.

Wünsche, Verlangen, Interessen, Fähigkeiten in allen Lebensbereichen, sei es zum Beispiel eine liebevolle Partnerschaft, der Traumberuf, Gesundheit, Selbstbewusstsein, Angstfreiheit egal was, alles ist möglich und erreichbar durch das Gesetz der Annahme.

Ich musste nur wissen, wer ich sein wollte, was ich erreichen wollte, wie ich leben wollte. Puh, das war ja schon die erste Herausforderung. Klopf, klopf, hier kommt der Zweifel. Jeder Mensch hat doch Grundbedürfnisse. Okay, das wäre kein Problem, natürlich neben dem absolut Essentiellen wie Nahrung, Schlafen, Wohnen, lässt sich das schnell mit folgenden Überbegriffen definieren: Gesundheit, Liebe, Wohlstand und Erfolg! In gewisser Art und Weise konnte ich mir darunter was vorstellen. Neville sagte: *"Träume größer als alle anderen – alles ist möglich für den, der glaubt!"* Größer? Oh Mann, wie das denn? Was bedeutet denn größer? Vielleicht ein erfolgreiches Millionenunternehmen zu führen? Überhaupt ein erfolgreicher Millionär zu sein? Gesundheit bis zum Lebensende mit hundertzwei Jahren? Wenn ich so darüber nachdenke, fühle ich mich ganz schön klein! Hallo Zweifel, da bist du wieder! Wer glaubt denn, dass das funktionieren könnte??? Okay, um ehrlich zu sein, ich habe es nie angestrebt, Millionärin zu werden, das war gar nicht mein Ziel. Ich wollte Freiheit!

Frei sein von Ängsten, das war es! Ich wollte selbstbestimmt und glücklich gemeinsam mit meiner Familie leben, und natürlich wollte ich erfolgreich sein in dem, was ich tue. Selbstverständlich gehört dazu auch das nötige Kleingeld, um in Freiheit zu leben und um Gelassenheit zu verspüren. Genau an diesem Gedankengang, an dieser Vorstellung, bin ich gescheitert! Ich dachte, es müsste von außen sichtbar sein, ich müsste es sehen, um es zu glauben. Ich suchte nach Zeichen, dass mein Wunschleben bereits auf dem Weg zu mir war. Aber wie heißt es so schön? Wer sucht, der glaubt nicht an sich selbst, an das was er ist und somit auch nicht an das Gesetz der Annahme.

Also musste ich erstmal damit beginnen, mir selbst zu vertrauen und an mich selbst zu glauben, weil dieser Glaube die Berge versetzt.[7] Jedoch herrschten in mir Annahmen, die es mir

[7] Matthäus 17,20: „Denn wahrlich, ich sage euch, wenn ihr Glauben habt wie ein Senfkorn, so werdet ihr zu diesem Berg sagen: ‚Werde

ganz schön schwer machten. Ich wusste zwar, dass ich in Notsituationen große Kräfte mobilisieren konnte und nie in meinem Leben aufgegeben hatte, aber manchmal ging es gefühlt einfach nicht weiter.

In meinem Buch „Hoppla, ich bin die einzige Ursache für die Phänomene meines Lebens…“ habe ich genau beschrieben, wie sehr Annahmen ein Leben negativ beeinflussen können. Ich habe erlebt was es bedeutet, ein unglückliches und machtloses Leben zu führen. Ich erlebte Situationen, die ich niemandem wünsche, bis ich schließlich krank wurde. Jedoch habe ich über viele (Um-)Wege meine optimale Lösung gefunden. Das Gesetz der Annahme. Das Imaginieren und Manifestieren.

---

versetzt von hier nach dort!', und er wird versetzt werden; und nichts wird euch unmöglich sein.“

Nun hatte ich da noch ein klitzekleines Problem: Wenn ich von mir selbst glaubte, ich sei nicht gut genug, wie sollte ich dann erfolgreich und frei werden? Denn das Gesetz der Annahme besagt: Alles, was wir uns vorstellen können, wenn wir fest daran glauben und es für wahr empfinden, wird es sich über kurz oder lang im Außen zeigen.

Das ist das genialste und langfristigste Prinzip überhaupt. Ein universelles Gesetz, das immer wirkt, ganz gleich ob wir es bewusst für uns nutzen oder nicht. Natürlich auch ganz gleich, ob wir positiv über uns denken oder nicht… Unsere Vorstellungskraft läuft vierundzwanzig Stunden pro Tag, jeden Tag, selbst dann, wenn wir schlafen.

Neville fasste seine Methode zum Manifestieren in drei Schritte zusammen, die ich dir nicht vorenthalten möchte:

*„**Der erste Schritt** zur Veränderung der Zukunft ist das Begehren, d.h. definiere die Ziele oder dein Ziel - wisse definitiv, was du willst. Alles beginnt mit der Annahme, also geh davon aus, dass dein Ziel bereits da ist, dass du schon so bist, wie du sein möchtest.*

***Zweiter Schritt:** Konstruiere ein Ereignis, von dem du glaubst, dass es nach der Erfüllung deines Wunsches eintreffen würde – ein Ereignis, das die Erfüllung deines Wunsches impliziert – etwas, bei dem die Aktion des Selbst vorherrschend sein wird.*

Der dritte Schritt** ist die Ruhigstellung des physischen Körpers und die Herbeiführung eines schlafähnlichen Zustands. Dann fühle dich mental in die* *zuvor bestimmte Handlung hinein, stelle dir die ganze Zeit vor, dass du die Handlung* ***HIER UND JETZT *tatsächlich ausführst.*

Du musst an der imaginativen Handlung teilnehmen, nicht nur zuschauen, sondern das Gefühl haben, dass du die Handlung tatsächlich ausführst, so dass die imaginative Empfindung für dich real ist."

Wenn du genaue Informationen zu den einzelnen Methoden, wie zum Beispiel der Szenetechnik, der Fishingmethode, der Schlafliedmethode, dem Dämmerzustand und mehr benötigst, dann findest du diese in unserem Buch „Einfach Manifestieren".[8] Darin haben wir das Gesetz der Annahme einfach und auf den Punkt gebracht

---

[8] Hütterer, Katrine / Kalb, Yvonne: Einfach Manifestieren – Das Gesetz der Annahme leicht erklärt, Independently published, ISBN: 979-8629002420.

erklärt und schon viel positives Feedback von Leserinnen und Lesern dafür erhalten. Genau wie zuvor imaginiert, denn Katy und ich schreiben die Bücher, die wir selbst auf unserer GdA-Entdeckungsreise gerne gelesen hätten. Falls du sofort loslegen möchtest, kannst du dir auch auf unserer Homepage die kostenlose Schnellanleitung zum Einfachen Manifestieren holen - du findest sie hier: https://www.team-huetterer.com/einfach-manifestieren-schnellanleitung/.

Wir stellen uns permanent alles Mögliche vor, zu achtzig Prozent jedoch unbewusst, geleitet von unseren limitierenden Annahmen, von unserem Glauben über uns und über die Welt, die wir für wahr empfinden. Dies kann sich positiv, aber auch negativ in unserem Leben äußern. Genau daraus entstehen die Zweifel. Zweifel an uns selbst und somit Zweifel an der Umsetzung des Gesetzes. Theoretisch ist das Gesetz der Annahme super, keine Frage. Ich stellte mir bloß bald die Frage, wie lange es dauern würde, bis sich meine Zweifel in Wohlgefallen auflösen würden. Ich kämpfte gegen meine Annahmen, und somit auch gegen meine Zweifel.

Ich hatte das Gefühl, ich müsste immer alles verstehen, na gut, mein Verstand hatte den Drang, alles verstehen zu wollen. Alles, was dieser nicht verstand, blockierte mich. Das zog sich durch mein ganzes Leben. Ich konnte nur gut in dem sein, was ich tat, wenn ich alles bis ins kleinste Detail verstanden hatte. Ui, und da ich schon länger auf dieser Welt bin, war es so einiges, was ich verstehen „musste". Es begann in der Schule und hörte nicht auf, als ich erwachsen war. Ich habe mich früher in meinem Leben von anderen Menschen stark beeinflussen lassen. Ich dachte außerdem ständig darüber nach, was sie sagen, wie sie sich verhalten oder wie sie reagieren würden, und habe dies permanent auf mich bezogen. Ich fühlte mich immer schlecht, unsicher und kontrolliert von anderen Menschen. Ich dachte, ich müsste mich ihnen anpassen, müsste ihnen gefallen, damit sich niemand negativ über mich äußern würde. Ich war also der Außenwelt komplett ausgeliefert. Ich glaubte, andere Menschen müssten an mich glauben, damit ich wertvoll war. Aber selbst, wenn sie dies taten, glaubte ich es ihnen innerlich trotzdem nicht. Ich war misstrauisch mir und anderen gegenüber.

Ich beobachtete die Menschen um mich herum, um immer bereit zu sein für das, was kommen könnte. Aber jetzt mal ehrlich, es war eine ziemliche Herausforderung, die Menschen und ihr Tun und Handeln zu verstehen. Das war der Grund, warum mich Psychologie so interessierte. Meine Ausbildung zum tiefenpsychologischen Coach kam mir da sehr gelegen. Ich wollte die Menschen lesen und verstehen. Nach der Ausbildung verstand ich das menschliche Verhalten tatsächlich besser. Warum und wieso wir manchmal unbewusst reagieren und tun, was wir tun. In dieser Ausbildung lernte ich mit dem Bewusstsein zu arbeiten, erkannte wie machtvoll limitierende Glaubenssätze und negative Annahmen sind, was sie anrichten können, wie sie uns aufhalten, uns zweifeln lassen und wie man diese auch auflöst beziehungsweise in positive, nährende Annahmen umwandeln kann. Jeder Mensch hat sein eigenes persönliches Päckchen zu tragen, das ihn so handeln lässt, wie er es eben tut.

Manchmal ist es einfacher, anderen Menschen zu sagen, was man über sie denkt und glaubt.

Darum habe ich mich sehr oft gefragt, warum andere Menschen mir das Gefühl gaben, dass sie an mir zweifelten und nicht an mich glaubten. Warum unterstützte mich im Außen gefühlt niemand? War diese Welt und diese Menschen, die mir so real vorkamen, lediglich ein Spiegel meiner Innenwelt? Jepp. Ich weiß heute, dass die Menschen da draußen nicht nur mit sich selbst zu tun haben, sondern auch, dass sie die Rolle in meinem Leben spielen, die ich ihnen zugedacht habe. Meine Annahmen über die anderen sorgen dafür, dass sich die anderen mir gegenüber auch so verhalten. Auch das muss man erstmal verstehen! Dafür habe ich definitiv länger gebraucht, da ich mich viel zu schnell persönlich angegriffen gefühlt habe.

„Jedes Ereignis, jeder Umstand und jeder Mensch in meinem Leben zeigt und gibt mir nur das, was ich mir zuerst selbst gezeigt und gegeben habe."

Neville Goddard

Okay, einfach ausgedrückt, alles, was wir über uns glauben, zeigt sich auch in anderen Personen, in den Menschen, die wir treffen, kennenlernen oder mit denen wir leben! Wenn wir uns also klein und machtlos, als Opfer fühlen und glauben, dass alle anderen stärker sind als wir und diese sich immer besser durchsetzen können oder erfolgreicher sind als wir selbst, dann werden die Personen diese Rollen auch spielen! Jeder in unserem Leben verhält sich so, wie wir ihn unseren Annahmen nach sehen. Man könnte fast meinen, die Menschen um uns herum führen ein Doppelleben.

Neville sagte: *„Andere Menschen sind nur ein Ausdruck deiner selbst"*. Diese Erfahrung habe ich tatsächlich schon ganz oft gemacht. Kennst du das auch? Warum glaubst du, zweifeln andere Menschen an dir? Warum stärken sie dich nicht in dem, was du tust? Warum hast du das Gefühl, in Gegenwart dieser Menschen besser nicht zu erzählen, was du dir wünschst, was dein Ziel ist?

Ganz einfach, weil du nicht genug an dich und deine Fähigkeiten glaubst, so wie ich es auch getan habe! Man möchte es sich selbst nicht eingestehen, es vielleicht auch nicht einmal laut aussprechen - im Grunde muss man das aber auch gar nicht, denn unsere Mitmenschen tun dies schon für uns. Sie halten uns unsere Zweifel an uns selbst vor Augen.

Dadurch wird wieder ersichtlich, wie machtvoll die Vorstellungskraft ist, die in jedem von uns wohnt. Diese Erkenntnis war für mich sehr wichtig. Ich neigte dazu, andere Menschen für ihren Zweifel an mir zu verurteilen, ich wurde wütend darüber, es ließ mich fast aufgeben. Es gab Streit, Diskussionen und ich dachte, ich müsste eine Lösung dafür finden, dass die anderen nicht mehr an mir zweifelten. Ich dachte, ich müsste ihnen etwas beweisen. Dabei haben sie nur das ausgedrückt, formuliert, was ich dachte. Das war auch gut so, denn nach etlichen von diesen Momenten begriff ich endlich, wo ich ansetzten musste.

Ich musste also endlich lernen, an mich selbst zu glauben, denn wenn ich an mich glaube, glauben auch meine Mitmenschen an mich. Damit meine ich nicht, so zu tun, als ob, hochmütig zu werden oder dergleichen, denn damit veräppelt man sich selbst. Nein, ich musste einen inneren tiefen Glauben aufbauen, es musste sich echt anfühlen, ein Gefühl, das mir das Vertrauen gibt, dass ich alles erreichen kann.

Ich bewunderte Menschen, die von sich überzeugt sind, die nach außen zeigen wie großartig sie sind, wie selbstsicher. Menschen, die vom Prinzip her schon wissen, dass sie keine Fehler machen, die ganz deutlich sagen können: „Das bekomme ich hin“ oder „Das schaffe ich eh“. Krass, dieses Gefühl brauchte ich für mich! Genau diese Selbstsicherheit. Solange ich diese nicht erreicht hatte, kam ich nicht voran und meinem Ziel kein Stückchen näher. Aber wie umgehe ich den Zweifel oder noch besser, wie werde ich ihn nicht nur in Bezug auf die Anwendung beim Gesetz der Annahme, sondern komplett los? Wie schaffe ich es, zu hundert Prozent an mich zu glauben?

Es beginnt also erstmal alles mit einem Verlangen. Das ist ein Gefühl, das untergründig läuft, welches wir entweder unterdrücken, wenn wir uns keine Veränderung der Umstände zutrauen oder vorstellen können, oder wir geben diesem Verlangen durch unseren Willen einfach zu viel Macht. Beides ist kontraproduktiv, auch wenn wir im ersten Moment den Willen benötigen, um eine Veränderung in Gang zu bringen, nur darf dieser nicht die Oberhand gewinnen. Ich rede davon, dass man dieses Verlangen erstmal nur wahrnimmt. Ein starker Wille sorgt schnell dafür, dass man sich überfordert, unsicher, wenn nicht sogar machtlos und klein fühlt, denn in genau diesen Momenten fühlt sich unser Verlangen unerreichbar an, das ist der Nährboden für den Zweifel.

Eine der wichtigsten Regeln im Gesetz der Annahme ist, zu verstehen, dass es kein „groß“ und kein „klein“ gibt. Ein Wunsch, ein Verlangen, egal was es ist, hat immer die gleiche Vorstellungskraft, die dafür sorgt, dass der Wunsch erfüllt wird. Oft fällt es uns leichter an die Manifestation von Dingen, die vermeintlich „klein“ sind, zu glauben. Dabei sind wir es, die einen Wunsch oder ein Verlangen groß machen, weil wir uns selbst klein machen.

"Lerne dich von dem zu lösen, was die Welt als einzige Realität betitelt."

Neville Goddard

Wodurch entsteht Zweifel?

Wodurch entsteht Zweifel?

Wie bereits erwähnt waren die Menschen um mich herum schnell darin, mir zu sagen, dass es unrealistisch wäre, sobald ich meinen Wunsch erwähnt hatte, einen Wunsch, der für die meisten offenbar unmöglich zu erreichen schien.

Oft habe ich damals in meiner Tätigkeit als Erzieherin Kinder in ihrem Rollenspiel beobachtet. Sicher, aus der Sicht eines Erwachsenen wirkten diese Spiele oft unrealistisch, und wie oft habe ich solche Situationen vielleicht nicht nur als Erzieherin, sondern auch als Mutter bei meinem Sohn einfach so abgetan. Aber auf der anderen Seite habe ich mich auch oft darüber gewundert, wie überzeugt und leidenschaftlich die Kinder spielen und mich für sie gefreut. Kinder tauchen ganz tief in ihre imaginierte Welt ein. Sie sehen sie aus ihren eigenen Augen, sie fühlen, sie hören, sie haben alles, was man braucht, damit es sich wahrhaftig anfühlt. Jetzt, mit dem Hintergrundwissen bezogen auf das Gesetz der Annahme, sollten wir alle „unrealistisch“ sein wie die Kinder[9] und dem Zweifel direkt ins Gesicht schauen, damit unsere Wünsche erfüllt werden können.

Kinder haben nämlich keine Zweifel ihren Träumen und Wünschen gegenüber. Wir sollten uns ein Beispiel nehmen und ihnen nicht die Flügel durch die vermeintliche, sich im Außen zeigende, Realität stutzen. Wobei ich davon ausgehe, dass die wenigsten Eltern, Erziehungsberechtigte und Pädagogen dies mit Absicht machen. Unser Fokus liegt auf dem, was

[9] Matthäus 18,3: „Amen, ich sage euch: Wenn ihr nicht umkehrt und werdet wie die Kinder, werdet ihr nicht in das Himmelreich hineinkommen.“

wir im Außen sehen, wahrnehmen und für realistisch halten. Wir sind es gewohnt, nur an die Möglichkeiten zu glauben, die uns im Außen gezeigt werden. Dabei denkt kaum jemand darüber nach, dass ein Astronaut sich vielleicht früher als Kind einmal vorgestellt hatte, Astronaut zu werden. Mit den Jahren unserer Kindheit, dem Jugendalter bis hin zum Erwachsenen-Dasein, werden uns Dinge, Situationen oder Erlebnisse suggeriert, die wir für wahr empfinden und aus denen sich unsere Glaubenssätze und Annahmen bilden. Diese hindern uns daran, frei und „unrealistisch" das Gesetz der Annahme anzuwenden. Als wenn unsere Vorstellungskraft, unsere Fantasie blockiert wäre, das war es, was mich hatte zweifeln lassen, ob das, was ich mir wünschte, tatsächlich geschehen könnte. Kurz gesagt: Wir verzweifeln an unseren uns limitierenden Annahmen.

Beim Anwenden des Gesetzes der Annahme sind wir jedoch aufgefordert, die „Tatsachen" zu ignorieren, welche die Verwirklichung unserer Träume verhindern. Es ist lediglich die Denkgewohnheit, die uns in unseren alten Mustern festhält. Niemand kann deine Denkgewohnheiten und dein Leben verändern - außer du selbst. Oder wie Neville es 1948 in einem Vortrag formulierte: *„Es gibt niemanden zu ändern außer dich selbst."*

Darum ist es so wichtig, dass wir unser tägliches Selbstgespräch beobachten, und genau zuzuhören, was die innere Stimme zu uns sagt und vor allen Dingen, wem diese Stimme eigentlich gehört. Wer sagt zu dir: „Das ist unrealistisch!"? Wer sagt zu dir: „Das schaffst du niemals!"? Wer sagt zu dir: „Die anderen werden dich auslachen!"? Hör genau hin, ist es dein Vater? Deine

Mutter? Sind es deine Großeltern? Es sind Gedankengänge, Sorgen, Zweifel, Ängste aus der Vergangenheit, die man uns unbewusst, ungewollt und nicht böswillig aufgedrückt hat. Diese gilt es zu eliminieren, in dem wir uns bewusst machen, dass dies eigentlich die Sorgen, Ängste und Zweifel anderer Menschen waren.

Diese inneren Gespräche führen zu einem der vielleicht mächtigsten Schöpfungsvorgänge für unsere eigene Realität. Neville Goddard erklärte in seinen Vorträgen und seinen Büchern immer wieder mit Nachdruck, wie wichtig die Bewusstwerdung und Kontrolle der „gedanklichen Nahrung" für uns ist. Die Beobachtung der inneren Dialoge lässt die – vielleicht unerwünschten - Umstände in der eigenen Realität besser erkennen und verstehen. Hören wir genau hin, was man wir täglich zu uns selbst sagen, was wir denken, was die Stimme in unserem Kopf uns mitteilt, wird es schnell deutlich, warum unser Leben so verläuft wie es verläuft. Denn hier zeigen sich unsere Annahmen. Wir sagen uns ständig unbewusst Sätze wie „Das funktioniert nie!“, „Das bekomme ich nie hin!“, „Wie soll ich mich denn verändern?“, „Ich bin nicht gut genug“, „Immer die anderen.“ und Ähnliches. Die Liste ist lang. Kommt dir das bekannt vor?

In unseren Gedanken verurteilen wir uns selbst und auch andere Menschen. Was passiert dadurch? Wir fühlen uns schlecht, handlungsunfähig und machtlos. Wir stellen uns alle möglichen Szenarien vor, lange, bevor sie wirklich eintreten. Darum ist es so wichtig, zu erkennen, was in unserem Kopf los ist. Denn genau das formt schließlich unsere äußere Welt und das, was wir erleben, immer und immer wieder.

Es entsteht zwar ein inneres Verlangen nach Veränderung, nach Erneuerung, nur wird dies direkt im Keim erstickt, wenn wir unsere Annahmen über uns, die anderen und die Welt nicht verändern.

Das Ziel ist es, unseren jetzigen, gewünschten Bewusstseinszustand und die derzeitigen inneren Dialoge in Einklang zu bringen. Lausche täglich deinem Selbstgespräch im Alltag, was sagt deine innere Stimme? Welche Annahmen hast du über dich und die Welt?

Unsere inneren Dialoge sind nur Gewohnheiten, denen sich niemand entziehen kann. Wir können genauso wenig aufhören, mit uns selbst zu reden, wie wir mit dem Essen und Trinken aufhören können. Alles, was wir machen können, ist, das Wesen und die Richtung unserer inneren Gespräche zu kontrollieren. Die meisten von uns sind sich der Tatsache nicht bewusst, dass unsere inneren Gespräche die Ursachen für die Umstände unseres Lebens sind.

Meine Kollegin Katy und ich erleben dies täglich in unserer Arbeit. Während unserer tiefenpsychologischer Coachings[10] sehen wir immer wieder, wie alte Glaubenssätze und Annahmen aus der Kindheit die Leben unserer Klientinnen und Klienten einschränken. Unsere Coachees kommen und sagen Sätze wie: „Ich bin wie blockiert, ich schaffe es einfach nicht, das Gesetz der Annahme anzuwenden." oder „Ich bin nur am Zweifeln." Warum? Weil sie in ihren alten Denkgewohnheiten festhängen, die sie zweifeln lassen. Es gibt manchmal sehr hartnäckige Annahmen, die wir dann gemeinsam in einem Coaching auflösen. So entsteht wieder Raum

[10] Hier erfährst du mehr darüber: https://www.team-huetterer.com/weg-frei-coaching/, Stand: 01.05.2020.

und Platz für die schönen Dinge und die Wünsche im Leben.

Neville sagte einst: „*Wenn du zum ersten Mal bei uns bist, möchte ich dir sagen, wofür wir hier stehen … was unsere tiefste Überzeugung ist: Wir glauben fest daran, dass du – das Individuum – jeden Traum verwirklichen kannst und der Grund dafür ist, dass Gott und der Mensch EINS sind. Wir sind davon ÜBERZEUGT, dass der einzige Unterschied zwischen Gott und dem Menschen in der Intensität der operierenden Kraft selbst liegt … und diese operierende Kraft ist die Imagination des Menschen.*“

Wir wissen, dass wir Menschen alle mit einander verbunden sind. Dies zeigt sich auch immer wieder in unserer geführten Meditation zur

Zweifel-, Blockaden- und Angst-Auflösung.[11] An zwei Terminen pro Monat leite ich diese Mediation in der Kleingruppe online in einem geschützten Raum an. Eine wunderbare Unterstützung für unsere Klientinnen und Klienten, die ihre Blockaden beim Imaginieren und Manifestieren loswerden möchten. Die Gruppendynamik dabei ist großartig. Auch wenn wir nicht über die einzelnen Probleme sprechen, spürt man wie sich in dieser Zeit das Thema für den Einzelnen löst. Wir haben alle ähnlichen Themen, somit sitzen wir alle im gleichen Boot mit dem gleichen Ziel!

Der Zweifel ist ein unterschwelliges Gefühl, das plötzlich auftaucht. Dafür braucht es nicht unbedingt eine schlimme Situation oder Erlebnis

[11] Hier findest du mehr Infos zu unserer geführten Meditation: https://www.team-huetterer.com/gefuehrte-meditationen/, Stand: 01.05.2020.

im Alltag. Manchmal reicht ein Satz, den man liest, ein Wort, das man hört.

Zweifel sind ganz eng mit Neid verknüpft. Manchmal fühlte ich mich dadurch fast wie gelähmt. Manchmal wollte ich aus Trotz nichts tun, hatte aber anderseits das Gefühl, ich müsste jetzt handeln, ich müsste etwas tun, damit sich meine Situation im Außen verändern würde! Warum? Weil ich dem Zweifel eine Bedeutung gegeben hatte. Bei allem was man sieht, hört, liest, schwingt die Bedeutung mit, das engt das Bewusstsein und somit die freie Vorstellungskraft ein und der Zweifel entsteht!

Scrolle mal durch Facebook, schau dir Instagram, Twitter etc. an, spreche mit deinen Freundinnen und Freunden, wie fühlst du dich, wenn sie das Leben führen, welches du leben möchtest? Vermutlich nicht so gut. Ich konnte so etwas immer nur schlecht ertragen. Ich dachte, warum haben und können die das und ich nicht? Und somit ließ ich mich wieder vom Außen beeinflussen und gab meinen Umständen eine Bedeutung.

Die Anwenderinnen und Anwender des GdA nennen solche Momente, wo sich im Außen das genaue Gegenteil von dem zeigt, was man sich seit Wochen und Monaten imaginiert, wenig schmeichelhaft WTH- oder WTF-Momente (Abkürzung von „What the hell“ beziehungsweise „What the fuck“), ich nenne sie liebevoll „Tag(e) der toten Ente“. Das sind die Augenblicke, wo man gerne aufgeben möchte, denn die Zweifel am Gesetz der Annahme und somit auch an sich selbst werden in solchen Momenten natürlich wieder größer und man stellt sich selbst und seine Autosuggestionsfähigkeiten in Frage. Genau in diesen Situationen fühlen wir uns hilflos und machtlos und unsere Wünsche erscheinen uns unerreichbar.

Ich kämpfte mit meiner Ungeduld. Ich wurde von meinen Emotionen übermannt. Ich weinte, ich war überfordert, ich war wütend. Alles war genauso wie bevor ich das GdA kannte. Ich dachte, ich hätte mich geistig nicht bewegt, ja, das glaubte ich wirklich! Nach Monaten regelmäßiger bewusster Autosuggestion. Jedes Mal hatte ich meinem alten Ich die Macht zurückgegeben. Jedes Mal hatte ich meinen alten Annahmen die Macht zurückgegeben. Mein Fokus lag wieder komplett auf Selbstmitleid.

Es dauerte in meinen Augen alles so lange. Ich erkannte weder, dass ich auf dem richtigen Weg war noch, dass sich im Außen irgendetwas zeigte. Es nervte mich total, es machte mich sogar teilweise wirklich wütend, sodass ich am liebsten alles hinschmeißen wollte. Unser Außen ist geprägt von dem, was wir bis hierhin geglaubt haben und es braucht etwas Zeit, um sich zu wandeln. Das bedeutet, unser Geist, unsere Vorstellungskraft, geht voran und das Außen wird nachziehen. Wir benötigen Geduld, Ruhe und Durchhaltevermögen. Also alles, was ich nicht hatte.

Wenn wir uns dem Zweifel hingeben, uns in unseren Gedanken verstricken und den Emotionen Futter geben, erreichen wir leider genau das Gegenteil von dem, was wir wirklich erreichen möchten. Wenn zum Beispiel so jemand wie ich, die lange Zeit mit der Annahme lebte „nicht gut genug zu sein“ oder mit dem Glaubenssatz „Ich bekomme nichts hin“ zu tun hatte, dann seinen

Geist mit diesen Gedanken füllt, erhält er genau dieses Gefühl, wenn er wieder zweifelt.

Ich brauchte also etwas, um meine Selbstzweifel zu minimieren, damit ich weiter an meinem Träumen, Wünschen und Zielen arbeiten konnte. Dazu musste ich natürlich zuerst mein Selbstbild zum Positiven verändern. Aber auch das war leichter gesagt als getan.

Schwierig wurde es in den Momenten, in denen ich dachte, mein Wunsch wäre viel zu groß, ich würde die Methoden nicht richtig anwenden, nichts würde passieren, ich keinerlei Veränderung spürte oder wenn ich dachte, ich käme nie in den Zustand des erfüllten Wunsches. Und es wurde ganz besonders schwierig, wenn ich begann, mich mit anderen Menschen zu vergleichen.

„Die Außenwelt ist
nur eine Reflektion unserer
früheren Gewohnheitsmäßigen
Denkmuster. Das, was du
dir vorstellst, heute zu sein, wird
sich morgen in deiner Welt
manifestieren.
Die beständige Annahme der
Person, die du sein willst und das
Ignorieren der derzeitigen
„Tatsachen", ist die einzige
Bedingung, die dir auferlegt wird,
damit du dein ideales Selbstbild
manifestieren kannst."

Neville Goddard

Notfallkoffer gegen Zweifel

Notfallkoffer gegen Zweifel

Das Erste, was ich tat, war aufzuhören, mich selbst für meine Zweifel zu verurteilen. Ich habe mir gesagt: „Es ist nur mein altes Ich, das sich hier aus der Gewohnheit heraus noch einmal zeigt." Ich bin niemand, der einfach so aufgibt. Also blieb ich weiter dran und der erste Schritt zur Lösung war die Selbstvergebung. Ich habe mir dafür vergeben, dass ich mich selbst so sabotiere, mir selbst im Wege stehe und mich selbst so abwertend behandle, denn es war so. Katy und ich haben in der Zwischenzeit übrigens erkannt, was für ein großer Stolperstein es beim Anwenden des Gesetzes der Annahme sein kann, wenn man es nicht schafft, zu vergeben. Sowohl sich selbst als auch anderen. Darum haben wir auch einen Online Kurs namens „Vergebung ist Liebe in Aktion" kreiert, mit vielen

Übungen und Ritualen rund ums Vergeben. Du findest ihn übrigens wie alle anderen unserer Angebote auf unserer Homepage: www.team-huetterer.com[12] Ich erinnere mich noch genau: Ich hatte mich innerlich regelrecht angeschrien, was ich denn für ein Versager sei und dass ich wirklich nie etwas hinbekommen würde etc. bla, bla. Mein innerer Dialog war eine Katastrophe.

Dadurch, dass ich mir schließlich selbst verzeihen konnte, begann mein Verstand zu realisieren, dass die vorherige, negative Reaktion nur aus der alten Gewohnheit heraus entstanden war. Und dass es absolut nicht richtig ist, mit jemanden so zu reden, auch wenn man diese Person selbst ist.

[12] Du findest den Vergebungs-Kurs hier: https://www.team-huetterer.com/online-kurse/, Stand: 01.05.2020.

Im Anschluss erinnerte ich mich daran, wie mein Leben war, bevor ich mit dem Gesetz der Annahme begonnen hatte. Ich erkannte, dass sich schon so viel verändert hatte, was ich alles schon überwunden hatte - dies hatte ich zuvor gar nicht bewusst wahrgenommen! Wir neigen dazu, unsere Erfolge, die ersten, schrittweisen Veränderungen gar nicht zu erkennen. Auf einmal war das Ganze gar nicht mehr so schlimm, denn ich erkannte, dass ich bereits auf dem Weg war. Ich konnte wieder aufhören, mich mit anderen zu vergleichen, dies hatte mich sehr getriggert. Besonders, wenn sie ihre Erfolge in den sozialen Medien teilten oder es an anderen Stellen kundtaten. Die Errungenschaften anderer Menschen hatten mich nicht inspiriert, sondern sie hatten mich klein fühlen lassen. Dies lag natürlich an meinem inneren Selbstgespräch und meiner negativen Selbstwahrnehmung.

Die Selbstvergebung half mir zwar, aber ich sammelte weitere Methoden, die mich unterstützten, meine Zweifel zu kontrollieren. Denn das Zweifeln bedeutet immer auch Kontrollverlust. Mit dem Gesetz der Annahme haben wir im Grunde die Möglichkeit, unser ganzes Leben zu kontrollieren, es so zu gestalten, wie wir es wirklich möchten. Nur wenn der Zweifel da ist, dann kontrolliert er uns und nimmt uns unsere Macht, unsere Schöpferkraft, und das wollen wir ja nicht.

Oftmals verfiel ich in die extremsten Zweifel, wenn ich nicht darauf geachtet hatte, was den ganzen Tag über so in meinem Kopf erzählt wurde. Ich folgte also wieder aufmerksamer meinem inneren Gespräch und jedes Mal, wenn ich bemerkte, dass ich in die falsche Richtung dachte, korrigierte ich mich. Ich sagte mir innerlich ganz laut: „STOP!“, ich akzeptierte es einfach nicht und richtete mich neu aus.

„Unverhofft kommt oft“ - nicht nur die Wunscherfüllung, auch der Zweifel, auf einmal ist er da. Ich spürte einen Widerstand, der mich davon abhielt, weiter zu machen. In diesen wilden Momenten des Widerstandes half mir nur der Satz, den ich mir in Gedanken immer und immer wieder vorsagte:

„ES GEHT VORBEI, ES GEHT VORBEI…“

Dies löste den Widerstand, ich nahm ihn bewusst wahr, in dem Moment akzeptierte ich meine Situation durch den Satz und der Widerstand hatte die Möglichkeit weiterzuziehen. Ich bekam die Kontrolle zurück, ich entspannte wieder. Somit war ich wieder bereit, diese Situation zu revieren und sie mir so vorzustellen, wie ich sie gerne erleben hätte wollen.

Ich persönlich schwöre auch auf laute Musik als Hilfsmittel gegen die schlechte Stimmung. Tanz durch dein Haus, in deiner Wohnung oder durch deinen Garten. Höre, wann immer es geht, laut Musik, während der Autofahrt, beim Spazieren gehen. Musik, die dich motiviert, die dich in eine gute Stimmung versetzt. Oftmals hören wir Musik, die unserer Stimmung angepasst ist, wenn wir traurig sind oder uns selbstbemitleiden, finden wir auch genau den Sound, der dies bestätigt und uns noch schlechter fühlen lässt.

Ich empfehle dir, eine Playlist zu gestalten, wenn du gut drauf bist, damit du in Momenten des Zweifelns, der Traurigkeit, der Überforderung diese abspielen kannst, um deinen Bewusstseinszustand leichter zu wechseln. Selbstverständlich kannst du auch Alternativen für dich entdecken, die dich motivieren, z.B. einen inspirierenden Podcast, ein Hörbuch oder anderes. Verrate mir gern deine persönlichen Tipps & Tricks, komme in unsere Facebook-Gruppe „It's done! Manifestieren für Macher/innen"[13] und tausche dich dort mit Katy, mir und vielen Gleichgesinnten aus. Das würde uns sehr freuen!

Wir müssen uns immer wieder bewusst machen: Alles ist ein Zustand, auch der Zweifel an uns selbst ist „nur" ein Zustand. Es ist immer eine Entscheidung. Wie willst du dich fühlen, was willst du stattdessen? Mache dir klar, dass

---

[13] Die Facebook Gruppe findest du hier: https://www.facebook.com/groups/manifestierenfuermacherinnen/, Stand: 01.05.2020.

Zweifel nur Befürchtungen sind, nicht perfekt zu sein, glaube nicht immer, was du denkst, das meiste kommt aus der Vergangenheit, es hat mit deinem heutigen Leben nichts mehr zu tun!

Ich sage dir: Du musst aufhören, dich selbst zu unterschätzen, dir bewusstwerden, dass du es immer selbst in der Hand hast. Du kannst deine Realität erschaffen, die Richtung bestimmen und den Weg verändern – jetzt und zu jedem anderen Zeitpunkt. Beginne dir selbst zu vertrauen.

Du weißt, wer du bist und welche Möglichkeiten du in dir trägst.

Es gibt kein Richtig und kein Falsch. Es ist wichtig, dass du verstehst, dass, egal, was du tust, egal wie du die GdA-Methoden anwendest, die Hauptsache ist immer, dass es sich leicht und warm anfühlt. Du kannst nichts falsch machen!

Jede bewusste Autosuggestion bewirkt etwas. Egal, wie „erfolgreich“ sie in deinen Augen verlaufen ist. Beginne, an dich und an das Gesetz der Annahme zu glauben und töte den Perfektionisten in dir durch Beständigkeit.

Zweifel doch zur Abwechslung mal am Zweifel!

Es ist nicht immer so, wie wir denken, nicht immer so, wie wir es uns vorstellen beziehungsweise imaginieren wir uns damit in einen negativen Strudel. Wir geben Dingen, Situationen eine Bedeutung, die uns an uns zweifeln lassen und genau das erleben wir dann auch im Außen. Darum ist es besonders wichtig, zu erkennen, dass nichts eine Bedeutung hat, es muss nicht so sein, wie wir es uns (negativ) vorstellen. Dies bedarf einiges an Übung, aber es befreit den Geist und somit unsere wunderbare menschliche Vorstellungskraft.

Auch Neville Goddard hatte seine Schwierigkeiten damit, wie er in einem Vortrag berichtete: *„Alle sagten: ‚Nun, warum ist das mit Neville passiert? ‘ Nun, es ist mir passiert, darf ich euch das sagen? Und ich hatte diesen Schmerz - unerträgliche Schmerzen - aber es zwang mich, meine Vorstellungskraft zu benutzen, um aus diesem Schmerz herauszukommen. Warum sollte es mir also nicht passieren? Warum sollte es nur anderen passieren? Wir sind alle eins.“*

Es bedeutet
nicht das, was
ich mir
vorstelle

Es bedeutet nicht das, was ich mir vorstelle

Es gibt in unserem Leben wirklich Nichts, woran keine Bedeutung geknüpft ist. Wir geben allem und jedem eine Bedeutung. Woher kommt das? Es sind Erfahrungswerte. Wir verbinden unsere Erfahrungen und daraus resultierenden Annahmen mit bestimmten Dingen, Verhaltensweisen und Aussagen anderer Menschen oder Situationen. Unsere Vorstellungskraft springt direkt an und unser Kopf ist voll mit vielen Assoziationen. Irgendwann in unserem Leben haben wir aufgehört, Dinge, Situationen, Erlebnisse einfach zu betrachten, diese wertfrei wahrzunehmen und zu beobachten. Nun, wir leben alle schon länger in diesem Leben, wir sind geprägt worden seit Anbeginn unseres Daseins. Wir wechseln von einem Zustand in den nächsten, bei allem was wir hören, sehen, lesen, fühlen, riechen, schmecken – kurz: in irgendeiner Form wahrnehmen.

Unser Zustand ist eine Anzahl von Annahmen. Mehrfach täglich wechseln wir den Zustand, wir gehen in den Zustand der Mutter, der Ehefrau, der Kollegin und so weiter. Mit jedem Zustand verbinden wir die dazugehörigen Annahmen und Bedeutungen. Aber als wenn die Annahmen nicht schon genug wären, sind es die vor allem deren Bedeutungen, die uns im Kopf herumspuken. Die uns fühlen, erinnern, verurteilen lassen.

Selbst wenn wir eine Fernsehserie schauen, wechseln wir in einen anderen Zustand. Oftmals wählen wir unbewusst eine Serie, die unser Verlangen, unseren Wunsch in irgendeiner Form spiegelt. Dies kann uns recht deutlich zeigen, in welchem Zustand wir verweilen. Wenn wir uns zum Beispiel eine Serie anschauen, in der wir die Protagonisten bewundern, ihre Art und Weise, wie sie auftreten, wie sie leben, welche Macht sie vielleicht haben, wie sie aussehen und gekleidet sind, was passiert dann mit uns? Sofern wir nicht bereits wissen, wer wir wirklich sind und uns nicht in unserem angestrebten Idealzustand befinden, fühlen wir uns schlecht. Wir fühlen den Mangel, wir wünschen uns, wie diese Person zu sein, diese Art von Leben zu führen. Das Verlangen verbunden mit Zweifel und Mangelgefühlen taucht auf. Wir geben dieser TV-Serie unbewusst eine Bedeutung.

Wie hoch schätzt du die Wahrscheinlichkeit, dass du die Eigenschaften so einer Person selbst erreichen kannst? Ich sage dir: Zu hundert Prozent, denn es sind nur Eigenschaften, es handelt sich um einen Bewusstseinszustand, in den wir jederzeit wechseln und eintauchen können – wie in jeden anderen auch. Neville sagte in „By Blood and Water“ dazu:

„Ein Mensch, der im Luxus lebt, darf nicht hart beurteilt werden, weil er ihn hat und du nicht. Er lebt in einem Bewusstseinszustand, der sich in der Form verfestigt, die du jetzt siehst und als luxuriös bezeichnest, einer, der sich in einem Gesundheitszustand befindet, einer, der anerkannt wird, einer, der viel zur Welt beiträgt.

Verurteile ihn nicht. Das sind sichtbar gemachte Zustände. Finde heraus, ob du in einen ähnlichen Zustand geraten kannst. Er besetzt nicht den einzigen Zustand auf der Welt. Es gibt unendlich viele Zustände, und wenn du versuchst, diesen Zustand auch nur zu duplizieren, dann kann er dupliziert werden, oder du kannst dich ihm nähern oder ihn transzendieren. Finde vor deinem eigenen geistigen Auge heraus, was du willst.

Sei nicht neidisch auf ihn. Lass ihn in Ruhe, denn er wendet das Gesetz an: Er hat Anspruch auf alles in dieser Welt, was er sich tatsächlich vorstellen und wünschen kann, und er kann sich in den Zustand hineinversetzen und ihn leben - denn der Mensch lebt in einer unendlichen Welt unsichtbarer Zustände, und ein Individuum besetzt weise oder törichterweise einen Zustand. Solange er dem Zustand treu bleibt, wird der Zustand die Umstände und Bedingungen seines Lebens nach außen hin verändern und zu den Bedingungen seines Lebens werden." [14]

---

[14] Vgl.: https://www.neville4free.de/alles-nur-zust%C3%A4nde-neville-goddard-zitate/, Stand: 01.05.2020.

Nun, um unseren Idealzustand zu erreichen und den Zweifel erst gar nicht entstehen zu lassen, ist es wichtig, Platz für die Vorstellungskraft zu machen, und zwar endlich in unserem Sinne. Denn den Dingen, Situationen, Menschen und Erlebnissen eine (negative) Bedeutung zu geben, erschafft den Zweifel. Beobachte dich, werde aufmerksam in deinem Alltag, schau wie oft du Dingen, Situationen eine Bedeutung gibst und vor allem: Welche Bedeutungen gibst du diesen Dingen?

Unserer Vorstellungskraft läuft immer, aber nicht unbedingt in unserem Sinne, solange die Stimme in unserem Kopf uns das Gegenteil von dem erzählt, was wir anstreben. Übe dich darin, deine negativen Beurteilungen und Bedeutungen wahrzunehmen und diese fallen zu lassen.

Beginne mit Gegenständen. Betrachte die Tasse vor dir: Was erkennst du? Welche Farbe hat sie? Welche Form hat der Henkel? Ist sie bedruckt? Welches Muster entdeckst du auf der Tasse? Finde jede Kleinigkeit! Und dann werde dir bewusst, dass es ist nur eine Tasse ist.

Sage dir: „Diese Tasse hat nichts zu bedeuten. Es bedeutet nicht das, was ich mir vorstelle.“

Bei allem, was du siehst, sei es der Stuhl am Tisch, die Lampe in der Ecke, der Wasserkocher oder die Kaffeemaschine in der Küche, bei allem, was du betrachtest, kannst du dir diesen Satz sagen: **„Dieses XY hat nichts zu bedeuten. Es bedeute nicht das, was ich mir vorstelle“.**

Erkenne, welche Bedeutung du diesen Gegenständen gibst. Was sagt deine innere Stimme? Was assoziierst du mit diesem Gegenstand?

Selbstverständlich steckt hinter den meisten Dingen eine Geschichte, aber genau das ist jetzt die Gelegenheit zu erkennen, dass diese keine Bedeutung haben. Es sind nur Gegenstände. Jeden einzelnen Tag, jeden einzelnen Moment, jeden einzelnen Augenblick geben wir den Dingen eine Bedeutung. Betrachte diese einfach, bemerke, was du dir vorstellst, was es bedeutet und dann lass es einfach fallen.

Je mehr du die Auslöser, die dich aus dem Zustand des erfüllten Wunsches rausziehen, aktiv wahrnimmst, desto schneller kannst du wieder in den Zustand zurückkehren – und das erschaffen, was du tatsächlich in deinem Leben willst. Du kannst und solltest diese kleine Übung mit allen Sinnen machen.

Beobachte und nimm wahr, was du fühlst, den Teppich unter deinen Füßen, die Kleidung, die du trägst, die Wörter, die du hörst, die Sätze, die du liest – all dies hat nichts zu bedeuten. Es bedeute nicht das, was du dir vorstellst.

Du schaffst somit Platz für das Wesentliche in deinem Unterbewusstsein. Je bewusster du wahrnimmst, dass Nichts mehr eine Bedeutung hat, desto leichter kannst du imaginieren & manifestieren und kommst somit deinem Wunsch immer näher. Die meisten unserer Bedeutungen und Bewertungen stammen aus der Vergangenheit und haben mit unserer Zukunft nichts mehr zu tun.

"Sei völlig gleichgültig gegenüber dem Beweis der Sinne, damit du die Natürlichkeit deines Verlangens spürst und dein Wunsch verwirklicht wird.""

Neville Goddard

Der gegenwärtige Moment

Der gegenwärtige Moment

Wir leben alle in der Vergangenheit, reagieren, handeln, täglich gleich – Gewohnheiten, die wir angenommen haben, aus unseren früheren Erfahrungen gespeist. Selten sind wir uns dessen selbst bewusst. Unsere Gedanken und unser Fühlen sind das Ergebnis aus all dem, was wir einst erfahren und unreflektiert geglaubt haben. Darum ist es so wichtig, unsere alten Gewohnheiten zu verändern.

Warum ist der gegenwärtige Moment so kraftvoll? In diesem Moment im Hier und Jetzt sind wir uns selbst bewusst. In dem Moment stehen wir zwischen der vertrauten Vergangenheit und der vorhersagbaren Zukunft, die wir aufgrund unserer bestehenden Annahmen erwarten. Das Hier und Jetzt ist der Punkt, an dem dir alle

Wege offenstehen, in diesem Moment kannst du deine Gewohnheiten, deine Annahmen verändern. In diesem, im jetzigen Augenblick spüren wir keinen Zweifel, keine Sorgen und keine Ängste. Wir sind voll und ganz im gegenwärtigen Moment.

Im gegenwärtigen Moment sind wir uns selbst bewusst und vor allem voll & ganz präsent. Wir folgen keinem der unterbewussten, automatischen Programme und sind dadurch frei, um uns selbst klar wahrzunehmen und können uns demnach neu ausrichten. In diesem Moment sind wir unser reines Bewusstsein.

Wie gelangen wir in den gegenwärtigen Moment? Ganz einfach, ich rede vom HIER UND JETZT. Wir setzen oder legen uns entspannt hin und folgen nur unserem natürlichen Atem, nichts müssen wir dafür verändern, wir konzentrieren uns nur auf unseren Atem. Eine weitere Möglichkeit ist, dass wir uns bei geschlossenen Augen auf die Dunkelheit konzentrieren. Wir halten den Fokus und atmen ganz ruhig. Wenn wir merken, dass unsere Gedanken sich wieder auf die Vergangenheit oder auf die Zukunft inklusive Zweifel, Ängste oder Sorgen richten, holen wir unsere Aufmerksamkeit einfach wieder ganz sanft zurück.

Nach einer Weile stellen wir fest, dass wir unsere Aufmerksamkeit kontrollieren können. Wir sind dann im gegenwärtigen Moment.

Eine weitere Möglichkeit, sich seiner selbst und des Hier und Jetzt bewusst zu werden, sind Achtsamkeitsübungen. Eine ganze besondere Erfahrung hatte ich vor ein paar Jahren bei unserem ersten Seminar in Wien gemacht. Ich bemerkte, wie nervös ich war. Damals war ich noch unsicher und ängstlich, etwas nicht hinzubekommen, zu versagen – das war meine erwartete Zukunft. Ich war dadurch komplett aus dem gegenwärtigen und somit schöpferischen Moment. Die Übung „Achtsames Gehen“ lief wie folgt ab:

Gemeinsam mit der ganzen Seminargruppe gingen wir raus, es war Winter und ich hatte in meinem Irrsinn für den ganzen Aufenthalt in Wien nur eine dünne Softshelljacke eingepackt. Es war ja nur minus drei Grad. Keine Handschuhe, keine Mütze und kein Schal. Frieren war vorprogrammiert – dachte ich zumindest.

Die wichtigste Anweisung war: Nicht reden! Nur gehen und wertfrei wahrnehmen! Was siehst du? Was hörst du? Was spürst du? Den

Wind? Was riechst du? Wie fühlt sich der Untergrund an, auf dem du läufst? Ich habe noch nie so geschwitzt und das lag nicht an der Geschwindigkeit, in der wir gegangen sind. Ich kam einfach wieder bei mir an. Ich war plötzlich im gegenwärtigen Moment.

Ich machte mir keine Sorgen mehr, ich hatte keine Ängste mehr, ich war mir meiner selbst bewusst. Diese Übung kannst du jeder Zeit praktizieren - sei es, wenn du im Garten oder im Wald spazieren gehst oder du einfach im Wohnzimmer sitzt. Was siehst du? Was hörst du? Was riechst du? Was nimmst du körperlich wahr? Die Wiese, die Bäume, die Natur? Die Couch, das Kissen, die Decke?

Genau dieser Moment bietet die beste Möglichkeit, im Anschluss in deine ideale Realität zu gehen. In das Gefühl deines erfüllten Wunsches!

In deinen idealen Bewusstseinszustand, indem du genau weißt und spürst, dass du die Person bereits bist. Denn alles existiert bereits! Auch der von dir angestrebte Idealzustand.

Im Hier und Jetzt, im gegenwärtigen Moment ist es nicht anstrengend, die Aufmerksamkeit auf das zu zentrieren, was du wirklich sein willst, auf das, was du in deinem Leben erfahren möchtest. Bewusstsein ist die einzige Ursache und die einzige Realität. Jede negative Erfahrung wurde zunächst dadurch manifestiert, weil du deine Aufmerksamkeit darauf gerichtet hast.

Was das Bewusstsein erschaffen hat, das kann nicht zerstört werden. Deine Verantwortung liegt darin, dass du deinem Unterbewusstsein gut zuredest und es von dem bereits erfüllten Wunsch überzeugst. Deine Vorstellungskraft ist die schöpferische Macht, die den erwünschten

Endzustand formt und jenen auf natürliche Art und Weise erreichen lässt.

„Fang jetzt an, deine kostbaren Momente bewusst zu nutzen und versuche dich daran zu erinnern, was du getan hast, wenn die Ernte kommt. Nichts erscheint zufällig! Alles ist das Ergebnis einer Idee, entweder bewusst oder unbewusst gepflanzt. Du hast es getan, in dem Wissen, was du getan hast, oder während du dich in einem emotionalen Zustand verloren hast. Du erntest immer die Gedanken, die du säst. Das ist das Gesetz des Lebens."[15]

Neville Goddard

[15] Vgl.: http://realneville.com/txt/the_spiritual_cause.htm, Stand: 01.05.2020.

"Der aktuelle Moment ist für eine Investition immer genau richtig, um innerlich das richtige Wort zu sprechen."

Neville Goddard

Dankbarkeit

Dankbarkeit

Wir sind es gewohnt und es fällt uns auch leichter, unseren Fokus und somit unsere Energie auf das zu lenken, was im Alltag nicht gut gelaufen ist. Selbst wenn es von all dem Erlebten nur eine Situation war, die uns unsicher, wütend, unzufrieden gemacht hat, halten wir uns gerne gerade daran fest. Es ist oftmals das Erste, was wir erzählen, wenn wir nach unserem Tag gefragt werden. Wir vergessen dabei die wundervollen, motivierenden und kleinen Erfolge, die wir in unserem Alltag erleben.

Ich war der absolute Pessimist. Ich konnte in wenigen Dingen etwas Gutes sehen. Ich konnte erst dann an das Gute glauben, wenn ich es auch wirklich erfahren hatte. Ich entwickelte für mich ein Konzept, das mich in beide Richtungen absicherte. Wenn ich mir etwas gewünscht hatte, ich etwas erreichen wollte, bin ich erstmal davon ausgegangen, dass es sowieso nicht funktioniert. Somit hatte ich keinerlei Erwartungen an mich oder andere, ich war auf eine Enttäuschung vorbereit. Auf der anderen Seite hatte ich mir eingeredet, wenn es dann doch klappen würde, könnte ich mich umso mehr freuen.

Die gelebte Dankbarkeitspraxis war mein Einstieg ins GdA, was ich aber zu dem damaligen Zeitpunkt noch nicht wusste. Gelebte Dankbarkeit hat positive Auswirkungen auf unsere Gesundheit, unsere Lebensqualität und unser Gehirn. Es ist wissenschaftlich erwiesen, dass Dankbarkeit zu positiven Zuständen führt und unser soziales Verhalten erhöht. Das Schöne an der Dankbarkeit ist: Man kann sie jederzeit trainieren und vor allem jederzeit anwenden. Schon am Morgen, wenn du aufstehst, kannst du dich auf das Positive in deinem Leben und die Dinge oder Menschen, für die du dankbar bist, konzentrieren. Du hast ein warmes Bett? Sei dankbar! Du hast gesunde Kinder, die dich aus diesem Bett werfen? Sei dankbar! Du hast eine funktionierende Kaffee-Maschine? Sei dankbar! Einen treuen Hund, der dringend raus muss? Sei dankbar! Einen Job, zu dem du hetzen musst? Sei dankbar! Denn es gibt jede Menge Menschen auf unserer Erde, die all das nicht haben, es sich aber wünschen. Erinnere dich, wie es früher war. Hast du dir nicht gewünscht, einmal eigene vier Wände, eine Ehe, Kinder und einen Job zu haben? Dann sei dankbar dafür.

Wenn wir dankbar leben, können wir positive Erfahrungen mehr genießen und nehmen weniger negative Gefühle wahr. Wir können leichter mit Belastungen umgehen und unser Selbstwertgefühl wird dadurch steigen.

Meistens zeigen wir uns nur dann dankbar, wenn wir etwas bekommen – ein Geschenk, ein Kompliment, eine Beförderung oder was auch immer. Das ist die für uns gewohnte Reihenfolge. Wir erhalten etwas und zeigen uns danach dankbar. Bei der gelebten Dankbarkeitspraxis drehen wir dies jedoch um. Wir zeigen uns also zuerst dankbar und erhalten das, wofür wir dankbar waren, danach. Praktizierte Dankbarkeit bedeutet ein Stück weit auch, daran zu glauben, dass die Dinge, die man sich vom Leben wünscht, eintreten werden – selbst, wenn sie in unserem Alltag noch nicht sichtbar sind. Genau hier schließt sich der Kreis zum Gesetz der Annahme. Denn auch beim GdA erfahren wir im Gefühl des erfüllten Wunsches Dankbarkeit.

Eine Möglichkeit, die Dankbarkeit zu praktizieren, besteht darin, ein Dankbarkeitstagebuch zu führen. Wie machst du das am besten?

1. Du schreibst täglich (mindestens) zehn Dinge, Situationen oder Personen auf, für die du dankbar sein kannst, mögen sie noch so klein sein. Dies richtet den Fokus auf das Schöne in deinem Alltag. Er zeigt dir, dass nicht alles zweifelhaft, schwierig oder nicht schön ist. Es programmiert dein Denken auf das Positive.

2. Erlebnisse oder Situationen, die dir nicht gefallen haben, schreibst du so auf, wie du sie gerne hättest erleben wollen. Damit revierst du im gleichen Atemzug und kreierst die Vergangenheit neu.

3. Schreibe die Situationen aus den Lebensbereichen, die derzeit nicht optimal sind (Job, Partnerschaft, Herkunftsfamilie, Gesundheit,…) so auf, als wenn sie bereits so wären, wie du sie gerne erleben möchtest.

Sobald sich die ersten Wünsche aus deinem Dankbarkeitstagebuch manifestieren und die ersten Glücksgefühle darüber einstellen, sind üblicherweise auch die größten Zweifler Feuer und Flamme für die Dankbarkeits-Praxis. Es ist ganz simpel: Sei einfach schon jetzt dankbar für das, was du dir wünschst und es kommt tatsächlich in dein Leben.

Wichtig ist allerdings eins: Dankbarkeit ist wie ein Muskel – sie gehört regelmäßig trainiert, um nicht wieder zu verkümmern. Es gibt viele

Wege, seine Dankbarkeit auszudrücken und sein Denken auf Dankbarkeit zu polen.

Wenn wir uns in Dankbarkeit üben ist es ein Leichtes, das Gefühl des erfüllten Wunsches zu fühlen, denn dieses ist die Gewissheit, dass der Wunsch bereits erfüllt ist und das lässt uns Dankbarkeit und Erleichterung fühlen.

"Nicht die Glücklichen
sind dankbar.
Es sind die Dankbaren,
die glücklich sind."

Francis Bacon

Erkunde den Zustand deines Wunsches

Erkunde den Zustand deines Wunsches

Wenn wir in uns ein Verlangen spüren, und wir unser Leben nach unseren Wünschen verändern möchten, müssen wir den Zustand ändern, in dem wir derzeit verweilen. Wenn Neville Goddard von Zuständen spricht, meint er damit Seinszustände des Bewusstseins, also Geisteshaltungen des Menschen mit seinen Glaubenssätzen. Es ist die Gesamtheit unserer Reaktionen auf die Ereignisse in der äußeren Welt.

Es gibt eine unendliche Vielzahl von Seinszuständen, die wir ausleben und wechseln können. Wie erwähnt, bildet sich jeder Zustand aus der Gesamtheit unserer Reaktionen auf die Ereignisse in der äußeren Welt. Ein Wechsel von einem Zustand zu einem anderen ist daran erkennbar, dass von dem neuen Zustand heraus gedacht und gelebt wird. Durch die Anwendung der Methoden des GdA etablieren wir einen neunen Zustand in uns, der auf unsere Wahrnehmung und unser Selbstbild wirkt und somit unser Leben verändert. Um Zweifel vorzubeugen ist es unerlässlich, diesen neuen, idealen Zustand genau zu erkunden.

Es geht weniger um das, was wir haben möchten, sondern wie wir uns fühlen würden, wenn wir es bereits besitzen oder erreicht haben. Je besser wir den Zustand erkunden, je bekannter uns der Zustand ist, den wir verkörpern und sein möchten, desto weniger Macht haben unsere Zweifel.

Mit den folgenden Fragen kannst du deinen Zustand genau erkunden:

- Wie will ich sein? (Anstatt: Was will ich haben?)
- Was würde ich erleben?
- Was hätte meine besondere Aufmerksamkeit?
- Was mag ich an dem, was ich sehe, höre, rieche, schmecke, fühle oder denke?
- Was wäre anders im Gegensatz dazu, wie ich mich jetzt gerade fühle?
- Was will ich? (Was ist das Ende?)
- Was wären die (mindestens) drei schönsten Dinge, wenn es bereits wahr wäre?

- Was wären (mindestens) drei nicht so schöne Dinge, wenn es bereits wahr wäre?
- Wie würde ich mich fühlen, wenn ich die Welt aus diesem Zustand heraus sehen würde?
- Zweifel? Was will ich stattdessen?
- Wie würde ich die Welt sehen? Wie würden mich meine Freunde, meine Familie sehen, wie würde ich sie sehen?
- Was wären vielleicht ein paar innere Dialoge, die dann eintreffen würden?
- Wie würde ich mich fühlen, wenn XY bereits wahr wäre?

Beantworte dir diese Fragen ganz ehrlich.

Schreibe sie dir auf, du wirst merken, wie sicher du dich während des Schreibens schon fühlen wirst, es werden bereits Bilder, innere Dialoge in dir stattfinden, die implizieren, dass dein Wunsch bereits erfüllt ist.

Dies ist die Grundlage für das Erreichen deiner Ziele und die tatsächliche Erfüllung deines Wunsches. Du kannst dich jederzeit auf diese Fragen berufen und sie dir immer wieder neu beantworten. Wisse genau, was du willst, begebe dich hinein und vereinnahme das Gefühl dazu. Versetze dich einfach in den Zustand, geh davon aus, dass dein Wunsch bereits erfüllt ist! Bist du dir bewusst, dass du dich in jeglichen Zustand hineinversetzen kannst? Alles ist möglich für den, der glaubt, heißt es in der Bibel[16] – der Glaube wächst immer mehr und mehr, solange

---

[16] Markus 9, 23: Jesus aber sprach zu ihm: Wenn du könntest Glauben! Alle Dinge sind möglich dem, der da glaubt.

du nicht aufgibst. Ängste, Zweifel, Sorgen sind nichts anderes als Bewusstseinszustände!

Nimm den Zweifel wahr und akzeptiere ihn nicht, du kannst diesen Zustand jederzeit ändern indem du dir die oben genannten Fragen stellst. In dem Moment, in dem du dann dieses Gefühl einfängst, denkst von dort aus. Das große Geheimnis besteht aus dem „davon ausgehen“, dass es bereits so ist. Der schöpferische Vorgang ist erst das Bewusstwerden, was du willst und dann der Glaube an den erfüllten Zustand. Wie innen, so außen. Sobald es dir gelingt, dich von der Wirklichkeit des Zustandes zu überzeugen, folgst du den gewünschten Ergebnissen, um deinen festen Glauben zu bestätigen. Einen Zustand zu fühlen erzeugt diesen Zustand und verhindert Zweifel.

Willenskraft vs. Vorstellungskraft

Willenskraft vs. Vorstellungskraft

Ich versuchte früher, in der Stille während meiner Entspannungs-Session, mit Anstrengung meinem Unterbewusstsein einzuprägen, was ich wirklich wollte, wie ich fühlen und leben wollte. Nun, da war naturgemäß nicht viel mit Entspannung, denn diese Willensanstrengung machte mich wieder hellwach und meine Konzentration lag wieder auf dem, was ich nicht mehr wollte. Ich war viel zu sehr mit meinem Willen beschäftig.

Vor meinem inneren Auge zeigten sich Bilder, Situationen, Gefühle, die ich unbedingt ändern wollte. Durch meinen Drang und wegen meiner Ungeduld fokussierte ich mich auf das, was ich bereits hatte, was dann dazu führte, dass meine

Zweifel und die derzeitige unerwünschte Situation immer größer und mächtiger wurde als zuvor.

Meine „Zweifelvorstellung“, die Angst, das Gesetz nicht meistern zu können, wieder zu versagen, war somit in vollem Besitz meines Geistes. Je mehr ich mich anstrengte und abmühte, desto vollkommener wurde ich vom Übel eingenommen. Dies ist der Beweis dafür, dass der Wille nicht nur unfähig ist, eine Vorstellung zu verändern oder aufzulösen, sondern sobald der Wille im Spiel ist, die Vorstellung diese einnimmt und gegen den Willen verwendet.

Hierzu noch ein Beispiel, vielleicht kennst du den Kampf mit dir selbst, wenn es um Schokolade geht. Nehmen wir mal an, du würdest dir gerne ein Stück Schokolade gönnen, sagst dir aber im selben Moment: „Ne, besser nicht, das sollte ich mir lieber sparen." Du diskutierst mit dir selbst. Du weißt, dass es besser wäre, die Schokolade nicht zu essen, weil du vielleicht abnehmen möchtest. Die Vorstellung übernimmt allerdings sofort das Ruder. Sie lässt dich leiden, denn sie zeigt dir, wie du an den Schrank gehst, dir die Schokolade rausnimmst und diese isst. Wer verliert? Du! Du wirst die Schokolade essen!

Es entsteht ein innerer Konflikt, Wille und innere Vorstellungen sind nicht konform. Was passiert schlussendlich? Unzufriedenheit macht sich auf allen Ebenden breit. Es wäre egal gewesen, wie du dich entschieden hättest. Die Vorstellung und somit deine Energie folgt deinem Verlangen, da kannst du dich noch so sehr anstrengen und mit deinem Willen dagegen kämpfen.

Lassen wir also unserem Verlangen die Möglichkeit sich zu entfalten, folgen wir der Energie unseres Verlangens, denn darauf fokussieren wir uns ganz unbewusst. Alles andere wäre kämpfen und dies sorgt nur dafür, dass wir eben das Gegenteil von dem bekommen, was wir erreichen wollen. Folgen wir der Energie unseres Willens, folgen wir dem, was wir nicht mehr möchten. Weiterhin den Fokus auf das zu legen, was wir nicht mehr möchten, wäre eine Verschwendung unserer Zeit.

Aber ich kann dir versprechen, es wird besser, es wird immer leichter, solange du beständig im Zustand des erfüllten Wunsches bleibst und deinem Verlangen folgst und davon ausgehst, dass es bereits eine Tatsache ist.

„Du musst das Gefühl des bereits erfüllten Wunsches annehmen, bis deine Annahme alle sinnliche Lebendigkeit der Wirklichkeit hat. Du musst dir vorstellen,

dass du bereits erlebst, was du dir wünschst. Das heißt, du musst das Gefühl der Erfüllung deines Wunsches annehmen, bis du von ihm besessen bist und dieses Gefühl alle anderen Ideen aus deinem Bewusstsein drängt."
Neville Goddard

Wille und Vorstellung werden durch Beständigkeit konform.

Lösung: Je mehr du dich entspannst, desto weniger dominierend ist der bewusste Wille.

Eine effektive Methode, die uns dabei unterstützen kann, ist der Dämmerzustand. Mehr dazu im nächsten Kapitel.

"Gegen alles, was uns passiert, zu protestieren, bedeutet, gegen das Gesetz unseres Seins und unserer Herrschaft über unser eigenes Schicksal zu protestieren."

Neville Goddard

Der Dämmerzustand

Der Dämmerzustand

Auch der Dämmerzustand bedarf aus meiner Sicht etwas Übung. Denn sobald wir in die Stille, die Meditation, den Dämmerzustand gehen, machen unsere Gedanken erstmal, was sie wollen. Bei meinen ersten Versuchen, in die bewusste Autosuggestion zu gehen, ging ich gedanklich meinen Tag durch, das, was noch zu erledigen war, was ich noch einkaufen müsste und was ich kochen könnte. Zudem führte ich auch innere (Streit-)Dialoge mit anderen Menschen, ganz besonders, wenn mir der zuvor in der Außenwelt geführte Dialog nicht gefallen hatte. Ich ging diese Dinge und Situationen tausend Mal in meinen Gedanken durch. Nachdem ich immer wieder mit meinen auftauchenden Gedanken kämpfte, mir mein Verstand zeigte, was ich nicht mehr wollte und ich immer im Willen festhing, benötigte ich etwas, was mich davon ablenkte. Es war wichtig, dass ich mich voll und ganz auf das konzentrieren konnte, was ich erreichen wollte, dass ich mich auf das konzentrieren konnte, wer ich sein wollte. Zur Übung nahm ich mir eine geführte Meditation, ich hatte so die Möglichkeit, mich auf die Stimme zu fokussieren. Dadurch rückten meine Zweifel, meine alltäglichen Gedanken in den Hintergrund, bis sie schließlich ganz verschwanden und ich mich tief entspannen konnte. Dies übte ich immer und immer wieder, um ein Gefühl zu bekommen, wie genau sich der Dämmerzustand anfühlt.

Es ist ein schlafähnlicher Zustand, der für uns Menschen absolut natürlich ist, von den Momenten kurz vor dem Einschlafen oder kurz nach dem Aufwachen, in denen wir uns zwischen Wachen und Schlaf befinden. Etwas Ähnliches erleben wir, wenn wir uns in einem Tagtraum verlieren. Ein Leichtes ist es, in den Dämmerzustand zu gelangen, wenn wir bereits etwas müde und erschöpft sind. Darum bieten sich solche Momente am besten dafür an.

Für eine erfolgreiche bewusste Autosuggestion ist es unerlässlich, unseren Willen „auszuschalten" und dies erreichen wir durch den Dämmerzustand. Er ist ein wichtiges Werkzeug, ohne das Meistern des Dämmerzustandes können wir das Gesetz der Annahme nicht korrekt anwenden. Auch das führt in gewisser Weise zu Druck, zu Leistungsdruck, der Perfektionist und der Zweifler sagen nochmal kurz „Hallo". Aber auch hier gilt: Übung macht den Meister.

Die Übungen zum gegenwärtigen Moment, die ICH BIN Mediation im folgenden Kapitel, sind alles Übungen, die dich dabei unterstützen den Zweifler, den Perfektionisten, die Gedanken, den Willen und alles, was dich daran hindert, hinter dir zulassen. Mit jedem Mal der Anwendung wird es immer leichter und leichter in jeder Hinsicht. Vertrau mir.

ICH BIN Meditation

ICH BIN Meditation

Es gab Momente, in denen es mir sehr schwerfiel, mich in den Dämmerzustand zu begeben, ganz besonders, wenn mein Kopf voll mit negativen und zweifelnden Gedanken war. Ich bemerkte, wie ich mich selbst wieder knechtete, voller Unsicherheit ob das, was ich tat das Richtige war. Ist der Satz in der Schlafliedmethode passend? Habe ich die richtige Szene? Warum fühle ich nichts? Ich habe ich für mich herausgefunden, dass es genau in diesen Momenten das Beste ist, die ICH BIN Meditation zu praktizieren.

Denn damit lag mein Fokus nicht auf dem Mangel, sondern auf dem ICH BIN! Ich begann wieder zu spüren, wer ich eigentlich war, welche

Möglichkeiten mir offenstanden, ich begann mich zu entspannen.

Wie wendest du die ICH BIN Meditation an?

Ziehe dich zurück, gehe in die Stille und wiederhole immer wieder „ICH BIN." Werde dir bewusst darüber wer du bist und welche Möglichkeiten dir offen stehen.

Bei Einatmen denkst du „ICH" und beim Ausatmen „BIN". Wiederhole dies solange, bis du dich ruhiger fühlst. Vielleicht wird sich das Körpergefühl verändern, vielleicht kribbelt es oder du hast das Gefühl, dass du schwebst. Das ist alles vollkommen in Ordnung. Übe dies täglich, mit der Zeit wird es für dich immer leichter werden zu entspannen. Auch die alltäglichen Gedanken, die dich ablenken, werden weniger. Lasse diese einfach wie Wolken am Himmel an dir vorziehen.

Neville beschrieb die ICH BIN Meditation wie folgt: *"Um die scheinbar unmögliche Einheit mit Gott einzugehen, entziehe deinen Problemen die Aufmerksamkeit und richte sie auf das reine Sein. Du sagst leise, aber fühlend, ´ICH BIN.´ Konditioniere nicht das Bewusstsein, sondern wiederhole still, ´ICH BIN - ICH BIN.´ Fühle einfach, dass du form- und gesichtslos bist und mache weiter, bis du ein Gefühl hast, dass du freischwebst.*

´Freischweben´ ist ein psychologischer Zustand, welcher vollkommen das Physische verneint. Es ist überraschenderweise eine sehr einfache Fähigkeit. Dieser Bewusstseinszustand ist notwendig für die wahre Meditation.

Wenn diese Expansion des Bewusstseins erreicht ist, dann gebe dir nun, in diesem tiefen formlosen Sein deiner Selbst, eine neue Form - basierend auf deiner erwünschten Konzeption - indem du dich so fühlst, wie du zu fühlen verlangt hast, bevor du in das reine Ich-Bewusstsein eintauchtest."[17]

Konzentration auf den Atem

Wichtig bei der ICH BIN Meditation ist das Konzentrieren auf unseren Atem. Dies ist die einfachste Methode in einen ruhigen und schlafähnlichen Zustand zu gelangen.

1. Nimm auf einem Stuhl (mit Armlehne) Platz oder lege dich auf eine bequeme Unterlage und achte auf deinen kommenden und gehenden Atem.

2. Nach zwanzig bis dreißig Atemzügen stellt sich der schlafähnliche Zustand ein. Wichtig ist

---

[17] Goddard, Neville: Your Faith is Your Fortune.

die beständige Kontrolle des Atems, sodass aufkommende Gedanken nicht stärker in den Vordergrund gelangen – fokussiere dich auf deinen natürlichen Atem.

3. Zur Verstärkung kannst du beim Einatmen das Wort "Ich" und bei Ausatmen das Wort "Bin" denken.

Nach einiger Zeit wirst du merken, dass du die ICH BIN Meditation auch zwischendurch im Alltag nutzen kannst. Wenn es mal hektisch wird, du dich gar nicht im Zustand fühlst, du dich in Gedanken wieder mal auf deinen Mangel fokussierst oder du genervt im Stau stehst, egal, was gerade nicht läuft – du kannst jederzeit still werden und dir in deinem Kopf „ICH BIN" vorsagen. So lange, bis du wieder ruhig bist und vor allem wieder spüren kannst, wer du wirklich bist. Dein reines Bewusstsein, dein ICH BIN.

"Die Welt und alles, was in ihr steckt, ist eine objektivierte und menschenkonditionierte Bewusstseinsbildung. Das Bewusstsein ist sowohl Ursache als auch die Substanz der ganzen Welt."

Neville Goddard

Revision

Revision

Die Revision war mir lange Zeit ein Rätsel. Als wenn das Verstehen und die Anwendung der Schlafliedmethode, der Szenetechnik, der Fishingmethode und so weiter – zum Glück gibt es verschiedene Methoden, da ist wirklich für jeden was dabei – nicht schon mehr als genug gewesen wäre. Immer wieder wurde in GdA-Kreisen erwähnt, dass die Revision eines der stärksten Tools wäre. Ich sage es dir ganz ehrlich: Ich habe früher nie revidiert. Ich habe die Revision schlicht und einfach nicht genutzt. Sicher hatte ich davon gehört, aber auch da das Gefühl, dass ich es nicht richtig anzuwenden wusste. Und somit war da schon wieder jede Menge Druck.

Aber dann wendete sich das Blatt. Mir wurden alle Methoden immer vertrauter, ich bemerkte, dass ich durch das beständige Anwenden der bewussten Autosuggestion sowieso alles revidierte. Jedes Mal, wenn ich in meiner GdA-Session war, ging all das Negative, was ich im Alltag durch meine Selbstgespräche feststellte auf „reset".

Ich konzentrierte mich wieder auf das, was ich werden und sein wollte. Ich teilte meine Sessions in mehrere Einheiten von insgesamt mindestens siebzig Minuten am Tag auf. Und habe eine Minisession drangehangen, wenn ich merkte, dass ich mich wieder zu sehr im Zweifel befand. Danach war wieder alles gut, meine Aufmerksamkeit war wieder da wo sie sein sollte.

Eine weitere Revisionsmethode findet sich in Nevilles Vortrag „How to use your Imagination“, in dem er eine sehr gesunde und produktive Übung für die Vorstellungskraft erklärte. Ich kann dir dies nur empfehlen, tu dies am besten täglich:

„Revidiere den Tag täglich, so, wie du ihn zu erleben gewünscht hättest, revidiere die Szenen, um sie mit deinen Idealen konform gehen zu lassen. Angenommen die heutige Post brachte enttäuschende Nachrichten. Revidiere den Brief. Schreibe ihn mental um und lasse ihn mit den Nachrichten konform gehen, die du zu erhalten gewünscht hättest. Oder angenommen du hast den Brief, den du zu erhalten gewünscht hast, nicht erhalten. Schreibe dir diesen Brief selbst und stelle dir vor, dass du einen solchen Brief erhalten hast.

Lass mich dir eine Geschichte erzählen, die sich vor nicht allzu langer Zeit in New York ereignete. In meinem Publikum saß eine Dame, die mir zuhörte, oh, unzählige Male, und ich erzählte die Geschichte der Revision – dass der Mensch, die Macht der Vorstellungskraft nicht kennend, am Ende des Tages schlafen geht, müde und erschöpft, und all die Ereignisse des Tages als endgültig akzeptiert. Und ich versuchte aufzuzeigen, dass der Mensch, im Augenblick bevor er einschläft, den gesamten Tag umschreiben sollte, um ihn mit dem Tag konform gehen zu lassen, den er zu erleben gewünscht hätte."

Das war es! Diese Variante passt perfekt zu mir und meinem Alltag. Ich konnte mir damit schlicht und einfach den Druck nehmen. Denn abends schlafen zu gehen gehört nun mal zu meinem Alltag. Ich praktiziere diese Art der Revision nach wie vor täglich. Ich gehe meinen ganzen Tag noch einmal durch. Szene für Szene, das was nicht gut lief mache ich besser, das was gut lief, mache ich großartig. Anschließend gehe ich den ganzen Tag neu in einem durch und meistens schlafe ich mit diesem guten Gefühl ein. Somit ist auch schon für eine positive Zukunft gesorgt.

"Wer das Geheimnis der Revision entdeckt, kann nichts anderes tun, als sich von der Liebe leiten zu lassen."

Neville Goddard

Beständigkeit

Beständigkeit

Beständigkeit führt zum Sieg! Das Wichtigste beim Anwenden vom Gesetz der Annahme ist die Beständigkeit. Sie sorgt dafür, dass du all deine Zweifel an dir und deiner Zukunft verlierst. Die Beständigkeit sorgt dafür, dass du endlich das erreichen kannst, was du sein willst.

Gehe täglich mindestens siebzig Minuten in deine bewusste Autosuggestion. Verändere deine Annahmen über dich und die Welt, glaube an dich und an deine wunderbare Vorstellungskraft!

Du hast es in der Hand, deine Zukunft zu gestalten und zu formen allein durch deinen Glauben, dass das, was du erreichen und leben möchtest, bereits eine Tatsache ist. Du wirst mit der Zeit bemerkten, dass du dich veränderst, dass deine Zweifel, deine Sorgen weniger werden, du dir selbst immer bewusster wirst. Du hast die Kontrolle, du bist der Schöpfer deines Lebens. Und ja, es wird eine Zeitlang dauern, es wäre falsch zu sagen und dir zu versprechen, dass sich von heute auf morgen alles ändern wird. Wir leben schon zu lange mit unserer Vergangenheit, in unseren alten Annahmen. Aber was ich dir versprechen kann, ist, dass es immer besser und besser werden wird - in jeder Hinsicht. Stück für Stück. Das Gefühl des erfüllten Wunsches wird zu deiner Natürlichkeit, du wirst immer mehr daran glauben, dass das, was du dir vorstellst, deine Realität ist, du wirst dich und deine Vorstellungskraft immer mehr wahrnehmen.

Im Alltag wirst du feststellen, was du denkst und wie sich Kleinigkeiten im Alltag plötzlich manifestieren. Sei es der gewünschte Parkplatz vor dem Einkaufsladen oder der Anruf einer

Freundin, an die du gedacht hast. Schreibe alle deine kleinen Erfolge auf, damit bekommst du immer mehr Vertrauen in dich und in deine Vorstellungskraft. Je mehr Beweise du für deine Macht erhältst, umso besser. Gib dir die Zeit daran zu wachsen. Übung macht den Meister!

Ich weiß, dass du es schaffen wirst, ein Meister des Gesetzes der Annahmen zu werden, denn auch das ist nur ein Zustand.

Gib nicht auf – ALLES IST BEREITS GUT!

Liebe Leserin, lieber Leser!

Wenn dir mein Buch gefallen hat, freue ich mich als verlagsunabhängige Autorin sehr über eine positive Rezension.

Vielen Dank dafür!

Deine Yvonne

über die Autorin

Über die Autorin

Yvonne Kalb ist staatlich anerkannte Erzieherin und ausgebildete Fachkraft für Frühpädagogik und hat viele Jahre als Erzieherin gearbeitet.

Sie - und somit auch ihre Familie - litt schwer unter ihren Ängsten und Zwängen, die ihr ein normales Leben fast unmöglich machten. Yvonne Kalb konnte diese schließlich mithilfe von Coachings und Persönlichkeitsentwicklung in den Griff bekommen. Viele Aus- und Weiterbildungen in diesen Bereichen und eine berufliche Neuorientierung waren die Folge.

Auch das Leben mit der Dankbarkeits-Praxis und der beständigen Anwendung des Gesetzes der Annahme (GDA) nach Neville Goddard haben ihre Lebensqualität immens verbessert.

Sie beschreibt ihren Weg auch sehr offen in ihrem autobiografischen Buch „Hoppla, ich bin die einzige Ursache… für die Phänomene meines Lebens“.

Heute ist Yvonne zertifizierter tiefenpsychologischer Coach, Hypnotherapeutin, Autorin, Dankbarkeits- & Manifestationstrainerin und bildet gemeinsam mit Katrine Hütterer das Team Huetterer.

Sie lebt mit ihrer Familie in Deutschland.

Danke

Danksagung

Ich möchte an dieser Stelle meiner ganzen Familie „DANKE“ sagen, die mich in jeder Lebenslage und bei jedem Vorhaben unterstützt.

Aber ganz besonders danke ich dir, liebe Leserin, lieber Leser – dafür, dass du dich für das Gesetz der Annahme interessierst und damit die Welt zu einem besseren Ort machst. Danke.

Ich bin dankbar für mein ganzes Leben, auch wenn es mal hart und extrem holprig war und ich darüber krank wurde, hat das alles dazu geführt das ich jetzt mein Leben so leben kann, wie ich es mir wünsche.

DANKE!

"Ich gehe davon aus, dass sich
das Gefühl des erfüllten Wunsches
bereits verwirklicht hat und
wenn mein Verstand von
diesem Gefühl dominiert wird,
schlafe ich ein.
Ich brauche nichts zu tun, um es
so zu machen, denn es ist bereits so.
Mein Gefühl für den
erfüllten Wunsch impliziert, dass es
erledigt ist".

Neville Goddard

Weiterführende Infos und Links

Weiterführende Infos und Links

Gemeinsam mit meiner Freundin und Kollegin Katrine Hütterer bilde ich das Team Huetterer. Hier erfährst du mehr über uns und das, was wir tun:

Die kostenlose Schnellanleitung von Team Huetterer zum „Einfachen Manifestieren" findest du hier: https://www.team-huetterer.com/einfach-manifestieren-schnellanleitung/, Stand: 01.05.2020.

Die Facebook-Gruppe „It's done! Manifestieren für Macher/innen" ist hier zu finden: https://www.facebook.com/groups/manifestierenfuermacherinnen/ , Stand: 01.05.2020.

Den Podcast „Einfach Manifestieren“ gibt es hier zu hören: https://anchor.fm/einfach-manifestieren/, Stand: 01.05.2020.

An zwei Terminen pro Monat gibt es bei uns online in einem geschützten Raum eine geführte Meditation zum Blockadenlösen: https://www.team-huetterer.com/gefuehrte-meditationen/, Stand: 01.05.2020.

Außerdem bieten wir einen Online Kurs mit dem Titel „Erwecke deine Schöpferkraft- Manifestieren leicht gemacht" an. Werde zum Schöpfer/in deines Lebens! https://www.team-huetterer.com/schoepferkraft/, Stand: 01.07.2020

In unsere „Einfach Manifestieren Membership“ kannst du jederzeit einsteigen und bekommst unsere exklusive Betreuung sowie eine eigene GDA-Community dazu: https://www.team-huetterer.com/membership/, Stand: 10.05.2020.

Mehr Informationen über Einfach Manifestieren mit Team Huetterer findest du auf unserer Facebook-Seite https://www.facebook.com/teamhuetterer oder auf unserer Webseite www.team-huetterer.com. (Beides Stand: 01.05.2020)

Natürlich freue ich mich, wenn du dich auch für meine und Katys weiteren Bücher rund um die Themen GdA & Dankbarkeit interessierst, diese findest du auf den folgenden Seiten.

Bücher
Team
Huetterer

Bücher Team Huetterer

Kalb, Yvonne: Hoppla, ich bin die einzige Ursache… für die Phänomene meines Lebens. Wie das Gesetz der Annahme mein Leben veränderte. Independently published, ISBN: 979-8620550623.

Kalb, Yvonne: Mein Dankbarkeits-Tagebuch (für Kinder). Ich mache meine Welt so wie sie mir gefällt, BOD Verlag, ISBN: 9783752896176.

Hütterer, Katrine: Geschafft! Erfolgreich durch Manifestation mit dem Gesetz der Annahme nach Neville Goddard, Independently published, ISBN: 9798614229467.

Hütterer, Katrine: Wohlstand Manifestieren – mit dem Gesetz der Annahme, Independently published, ISBN: 979-8635981962.

Hütterer, Katrine / Kalb, Yvonne: Einfach Manifestieren – Das Gesetz der Annahme leicht erklärt, Independently published, ISBN: 979-8629002420. (Auch als Hörbuch erhältlich.)

Hütterer, Katrine / Kalb, Yvonne: Mein Manifestations-Tagebuch. Mit inspirierenden Zitaten von Neville Goddard, BOD Verlag, ISBN: 9783750432611.

Hütterer, Katrine / Kalb, Yvonne: Mein Dankbarkeits-Tagebuch. Mit motivierenden Zitaten von Neville Goddard und anderen, BOD Verlag, ISBN: 9783750426504.

Hütterer, Katrine: Manifestiere dich glücklich und frei. Erwecke deine Schöpferkraft jetzt. Independently published ISBN: 9798647495501

Empfehlungen

Empfohlene Literatur zum GdA

Baudouin, Charles: Die Macht in uns. Entwicklung einer Lebenskunst im Sinne der neuen Psychologie, Edition Geheimes Wissen, ISBN: 978-3-903139-53-4.

Bautz, Carsten: Das Gesetz der Annahme. Wie du mühelos und leicht dein Leben änderst: Dein universeller & praktischer Leitfaden, Independently published, ISBN: 978-1709534102.

Coué, Emil: Autosuggestion: Wie man die Herrschaft über sich selbst gewinnt, AT Verlag, ISBN: 9783038006824.

Daddeh, Daniel: Bewusstsein ist die einzige Realität. Das Lebenswerk des Neville Goddard, Independently published, ISBN: 9781672284295.

Goddard, Neville / Davidson, Vaughan: Genauso hatte ich es mir ausgemalt! Vom Erfühlten zum Erfüllten, CreateSpace Independent Publishing Platform, ISBN: 978-1505299533.

Goddard, Neville: The Complete Reader, Audio Enlightenment Verlag, ISBN: 978099109140.

Goddard, Neville: The Essential Collection, Merchant Books Verlag, ISBN: 9781603866781.

Kunert, Kevin: I AM – Gesetz der Annahme nach Neville Goddard: Das praktische Handbuch für ein Leben in Liebe, Reichtum und Gesundheit, Independently published, ISBN: 9781718012202.

Müller, Ugi: Die Macht des Bewusstseins: Gesetz der Anziehung, Independently published, ISBN: 978-1521381878.

Müller, Ugi: Mühelos Manifestieren: Das Gesetz der Annahme, Independently published, ISBN: 9781549883644.

Samsó, Raimon: Wissen, wie man bekommt, was man will: 12 vergessene Fähigkeiten zur Verwirklichung Ihrer Träume, LitReloc Verlag, ISBN: 9783000565076.

Twentytwenty: Neville Goddard Simplified, Kindle-Ebook-Serie (ausschließlich in Englisch erhältlich).

Deutsche Erstveröffentlichung

Mai 2020

www.team-huetterer.com

HOPPLA, ICH BIN DIE EINZIGE URSACHE...
...FÜR DIE PHÄNOMENE MEINES LEBENS

Yvonne Kalb

Taschenbuch
ISBN: 979-8620550623

Ebook
ASIN: B085RLGRL6

MEIN DANKBARKEITSTAGEBUCH (FÜR KINDER)
ICH MACHE MEINE WELT SO WIE
SIE MIR GEFÄLLT

Yvonne Kalb

Taschenbuch
ISBN: 978-3752896176

EINFACH MANIFESTIEREN
DAS GESETZ DER ANNAHME LEICHT ERKLÄRT

Katrine Hütterer, Yvonne Kalb

Taschenbuch
ISBN: 979-8629002420

Ebook
ASIN: B0867HHF6B

GESCHAFFT!
ERFOLGREICH DURCH MANIFESTATION

Katrine Hütterer

Taschenbuch
ISBN: 979-8614229467

Ebook
ASIN: B084XX87ZB

WOHLSTAND MANIFESTIEREN
MIT DEM GESETZ DER ANNAHME

KATRINE HÜTTERER

Taschenbuch
ISBN: 979-8635981962

Ebook
ASIN: B086ZTNMXL

MANIFESTIERE DICH GLÜCKLICH & FREI!:
ERWECKE DEINE SCHÖPFERKRAFT JETZT.
MIT DEM GESETZ DER ANNAHME
NACH NEVILLE GODDARD

Katrine Hütterer

Taschenbuch
ISBN-13: 979-8647495501

Ebook
ASIN: B088ZNF3KT

**MEIN MANIFESTATIONSTAGEBUCH
MIT INSPIRIERENDEN ZITATEN
VON NEVILLE GODDARD**

Katrine Hütterer, Yvonne Kalb

Taschenbuch
ISBN: 978-375043261l

Mein Dankbarkeitstagebuch
Mit motivierenden Zitaten von Neville Goddard und Anderen

Katrine Hütterer, Yvonne Kalb

Taschenbuch
ISBN: 978-3750426504

Printed in Germany
by Amazon Distribution
GmbH, Leipzig

20673166R00106